만인시인선 · 19
조롱당하다

송진환 시집
조롱당하다

만인사

자 서

버리고 남은 말들
비로소 시로 남는 밤이다.
버려도 또 버려야할 말 아직 남았음에
밤은 길다.
버리고버리고버리고…… 버리고,

그러나 끝내 아침은 오고
시는 미완인 채다.
어쩌면, 영영 미완일지 모르겠다.
그렇다 해도, 오늘은 시집을 묶어야 겠다.

며칠 전 이승을 떠나신 어머님 영전에
이 시집을 바칩니다.
어머님, 편히 쉬소서!

차 례

자서 ──────── 5

사마귀와 禪 ──────── 11
강아지풀을 보다가 ──────── 12
악몽 ──────── 13
메시지 ──────── 14
회의 ──────── 15
조롱당하다 ──────── 16
싱싱한 여름 ──────── 17
모텔 베니스 ──────── 18
꽁치구이 ──────── 19
자조적 ──────── 20
지렁이가 된 나를 보았다 ──────── 22
사는 법 ──────── 23
음모 ──────── 24
저 화초들 ──────── 26

차 례

무료한가 봐 ─────── 27
기록 밖의 기록 ─────── 28
녹슨 못을 보았다, 나는 ─────── 29
빈혈에 대하여 ─────── 30
문상 ─────── 31
지구는 둥글다는데 ─────── 32
덫 ─────── 33
잠언 ─────── 34
절개지 ─────── 35
불시착 ─────── 36
지금, 나는 ─────── 37
위태롭다 ─────── 38
여백 ─────── 39
미로 속을 간다 ─────── 40
병실 풍경 ─────── 41
비 오는 날의 자화상 ─────── 42
헛배가 부르다 ─────── 44
허상으로 남은 채 ─────── 45
변비 ─────── 46

차 례

이것에 대한 의문 ——————— 47
먼지에 대하여 ——————— 48
현주소 ——————— 49
기우는 날의 풍경 ——————— 50
비 오는 날의 스케치 ——————— 51
여름 이야기 ——————— 52
등꽃 ——————— 53
봄빛이 튼다 ——————— 54
내 골방엔 ——————— 55
그 여자가 사라진 쪽 ——————— 56
동백이여 ——————— 57
벽돌 허물기 ——————— 58
아직은 미명 ——————— 59
비에 젖는 꽃잎 ——————— 60
기도調 ——————— 61
그대 내게로 오라 ——————— 62
화장 ——————— 63

차 례

아내의 외출 ──────── 64
아내에 대한 생각·1 ──────── 65
아내에 대한 생각·2 ──────── 66
바람이 있는 풍경 ──────── 67
어둠에 서서 ──────── 68
비에 젖은 엽서 ──────── 69
봄이 와도 ──────── 70
봄은 와도, 난 아직 ──────── 71
아버지의 가을 일기 ──────── 72
어릿광대 ──────── 73
수의를 널다가 ──────── 74
낙하한다 ──────── 76
아버지의 시계 ──────── 77

| 시인의 산문 |
오늘도 나는 시를 쓴다 ──────── 78

사마귀와 禪

방충망에 사마귀 한 마리
거꾸로 매달려 부질없이 쌓인 것들
비워내는 중이다
비우는 일은 언제나 뒤집어야하는 것
우리는 늘 뒤집는 일에 익숙지 않아
꼿꼿이 선 채
입으로만 자꾸 비워낸다

사마귀는 오래도록
거꾸로 매달려 미동도 없다
이미 열반에 들었는가

강아지풀을 보다가

가로수 밑동 강아지풀들
무더기로 흔들린다
그래, 저것들
강아지들이라 생각해보자
자꾸 내게로 달려온다
혓바닥으로 손등 핥는 게 미치도록 간지럽다
간지러움 다시 그들에게로 전해져 뛰고 난리다
강아지풀이 강아지가 될 수 있다는 건
거짓이 아니다
절실하면 할수록 더 가까이 다가가
속살까지 다 드러낸다
분명, 그렇다

악몽

우리 지금
꿈꾸고 있는 거 맞지?
그것도 악몽으로

밤길은 자꾸
시퍼런 칼날 번득이며
우리 뒷덜미 낚아채고

우리 지금
꿈꾸고 있는 거 맞지?
지독한 악몽으로

우리는 그 속에서
눈에 띄게 허리가
허리가 무섭게 꺾여가고 있다

메시지

아직 싹 돋기엔 더 기다려야할
은행나무 가지에
참새 떼 새싹처럼 앉았다가 일시에
포르르 하늘로 오르는 건 왠지 축복인 듯

가볍다!

분명, 그들의 나래짓 속엔 우주로 통하는 길 있어
앉았던 자리마다 봄은 올 테고
다시 그들의 나래짓에
꽃들 피어 세상은 출렁거릴 테고

밝다!

참새 떼 한꺼번에 소란하다
지저귀는 게 아니라 무어라 무어라고
출렁임 있어, 귀 기울이는 동안
우리의 봄도 분명
가까이 길 환히 열고 있는 게다

회의

창세기 1장의 어둠이
아직 어둠인 채
2005년의 겨울을 무겁게 누르고 있다
그 어둠 사이
하늘은 때때로 빛 한 줄기 내려주어도
우린 그걸 빛으로 알지 못하고
단지, 어둠으로 끌고 와
깊은 한숨 한 짐 부려놓는다

우리의 창세기는 언제 끝나나, 그 짙은 어둠은

조롱당하다

휴대폰의 설명서를 읽는다
100쪽 넘는 깨알 같은 글씨
설명은 설명 이상으로 난해하고
나는 자꾸 밖으로 밀려난다
이것도 눌러보고 저것도 눌러보고
기계 앞에 조롱당한다

무엇 때문에 이 봄날
부질없는 짓에 얽매이는가
이러다간 나도 끝내
누구에게도 해독되지 못할 암호로 남아
설명서로는 도저히 설명되지 않는
낯선 기계가 되어
그들도 나도, 더 깊이 절망한다

싱싱한 여름

과일가게 김씨의 속셈을 나는 안다
몇 개의 덤은
미리 계산된 것이란 걸

안된다고 너스레 떨지만 그것까지
계산된 것이란 걸 나는 또 안다

안된다고, 된다고, 밀고 당기는 사이
줄 것 주고, 받을 것 다 받고
웃으며 헤어진다

그럴 때 여름은 더 싱싱하게 출렁인다

모텔 베니스

그 앞 지나오는데, 은밀히
한낮 흔드는 소리 있었다
여름이 축축이 젖어오는데
순간 도시는 맥없이 가라앉고, 따라
사지도 확 풀린다
어디로 가고 있는가 사방 돌아보니
트인 듯 막혔다

뒷문쪽으로
승용차 한 대 도망치듯 떠나고
여름은 다시
뜨거운 햇살 속에 갇힌다

꽁치구이

바다를 차오르던
살과 피 지탱해온 뼈는 이제
조용히 운명처럼 누워 있다
자잘한 가시들만
자꾸 목구멍 찔러온다, 그건
해체된 그들 조상하는 향불 같은 것
몇 번 캑캑거려 가시 뱉아내면 비로소
바다는 잠들고
나는 마지막 소주잔 비운다

자조적

내일이 오기 전에 우리
이 도시를 떠나야 한다
스물스물 기어나오는 활자들의
아가리 속으로
빨려 들기 전에 서둘러
떠나야 한다
이 도시는 언제나
우리를 위한다는 허울 쓰고
안으론 시퍼런 비수 감춰
새로운 음모에 열중이다
크게 웃고, 몸짓 요란할 땐 더
주의할 일이다
속내 알 수 없는 싸움 속에
구경꾼이 되어 우리는 멀뚱이
그렇게 살아왔지만 이제 더는
찢길 수 없다
마지막 퍼렇게 멍든 이 살점이라도
서럽게

서럽게 지키기 위해
내일이 오기 전에 우리
서둘러 이 도시를 떠나야 한다

지렁이가 된 나를 보았다

연체동물처럼 흐물거리기 시작했어
아래로, 아래로 슬슬 기어야 했고
꼿꼿이 일어설 수 없는 그늘 속으로
슬슬 기어야만 했어

밟히면 안 된다 따가운 햇살은 피해야 한다 수없이
다짐했고 알아도 아는 체 말고 몰라도 모른 체 말고 머
리가 꼬리인 듯 꼬리가 머리인 듯 그렇게 똬리 틀어 더
아래로 감추어 입은 아예 닫아야 했어

 어느 날 문득
 한 마리 지렁이로 꿈틀대고 있는
 나를 보았어

사는 법

날마다 생각 하나씩 지워야한다
그날 사이공 뒷골목에 뿌린
몇 방울의 정액도 지워야하고
어둠에서 어둠으로 이어지던 터널 지나며
몸서리치던 기억도 지워야하고
밤마다 가위눌린 채 헤매던
빛나던 공화국도 지워야한다
때마다 흔드는 깃발 아래
우루루 우루루 몰려봐도
이내 흩어지고 마는 어둔 기억들은 이제
모두 지워야한다
문민정부도 가고 국민의 정부도 가고 또 언젠가
참여 정부도 가고 그렇게
우리들은 날마다 생각 하나씩 지워야 한다

음모

  1
그 집 담장엔 해마다 빨간 줄장미가
그 집 담장만 따라 기어다녔다
담장 밑을 서성거려도 보고
향기에 넋 놓기도 했다
그러다가 날이 가고
감춰진 가시는 내 손가락을 슬쩍 찔러보더니
달이 가고
감춰진 가시는 가슴도 슬쩍 찔러보더니
해가 가고 마침내
감춰진 가시는 심장을 깊이 찔렀다

  2
그 집 사람들 찔린 심장에
장미꽃 향기가 특효라는 소문내는 동안
나는 조심조심 그 향기 훔쳐 맡았더니
처음 얼마간 정말 살 것 같은 꿈도 있어
자꾸 자꾸 짙게 맡았더니

날이 가고
새로운 아픔은 시작되더니
달이 가고
아픔은 더 큰 아픔으로 이어지더니
해가 가고 끝내
심장은 터져 버렸다

저 화초들

베란다의 저 화초들

화분으로 옮겨지는 순간
살아있어도 제 뜻 아니고
꽃 피어도 제 뜻 아니고, 그러다
시드는 날도 제 뜻 아니다

창 밖으로 비 오는데
혼자 멀거니 보고 선 채
목 탄다

꿀벌도 날아들지 않고, 나비도 날지 않아
참 황량하다

베란다의 저 화초들, 자주 계절을 놓친다

무료한가 봐

하품을 하네
어제도 오늘도 그렇게
하품을 하네
한때는 자유 위해 깃발 들었고
더러는 밥그릇 위해
머리띠 두른 그런 날도 있었는데
나른하게 풀린 날
다 잊고 하품이나 하네
참 많이 참았던 일들
기억 밖으로 훌훌 흩어버리고
이젠
무엇 위한다는 것도 잊어버린 채
자꾸 하품을 하네

기록 밖의 기록

소주가 불 지필 때마다
포장집이 들썩거렸다
시대의 달은 가다 멈추고
가다 멈추고 껄끄럽다
낮 동안 쌓인 찌꺼기들 채 걸러내지 못해
아예 태우는 중이다

어차피 다 태울 수야 있겠나
찌꺼기의 찌꺼기는 다시 내일로 남아 불안하다
식어버린 안주는 그것대로 찌꺼기 되어
이 땅 어느 구석 썩게 할 거고

우리는 누구랄 것 없이
포장집 밖 어둠 속에서 일렬횡대로 선 채
오줌 한번 신나게 깔겼다
분해되지 못한 소주 반쯤은 그냥
쏟아지고 있다

녹슨 못을 보았다, 나는

길을 가다 문득
녹슨 못 하나 보았다
얼마나 거기 오래 있었을까
벌겋게 시간 속을 삭고 있다, 허리는 꺾인 채
아무도 돌아보지 않은 게다
손바닥에 올려본 못은 세월의 부스러기들
비늘처럼 털어내며
허리는 이내 부러질 듯하다
순간 나도 온몸의 살들 떨어져나가고
녹슨 못처럼 뼈만 앙상히 남는다
언젠가 저 못처럼 뼈마저 삭아
모두 사라지고 말 것을
허우적거리며 오늘도 바삐
가고 있다

빈혈에 대하여

의사는 빈혈이라 진단하며 한 뭉치의 빈혈약을 처방한다 한 뭉치 약을 받아들고 돌아오는 날 현기증은 더 심하게 세상을 빙빙 돌게 하고 우리는 구토하기 시작한다 살아있는 것들은 살아있는 것이 현기증의 원인임을 의사는 알까? 즐거움 더러 있어도 그것은 어느새 새로운 슬픔의 빌미가 되어 우리 주위를 어지럽게 돌고 우리는 또 전날과 같이 의사의 처방전을 들고 한 뭉치의 빈혈약을 위해 어느 약국 문을 들어선다 생각 없이 하늘이 노랗다

문상

삶과 죽음이
함께 놓였더라
단지, 말하지 않고 말하며
말로써 말하는 그 경계에서
우린 두 번 절하고
돌아 나왔다

향불이 따라 나와 배웅을 했다

지구는 둥글다는데

지구 위의 것들은 모두 각 세우고
서로가 서로를 노리고 있다
돌아서면 몰래
가장자리나 모서리는 더 날카롭게, 뾰족하게
갈아야하고
그러고도 아닌 체하며 깊이 감추어야하고
그러다가 때론 제 살 베어
피 흘리다가
벤 자리 쓰려올 때면 턱없이
네 탓이라 마구 씩씩거리고, 그러는 사이
우린 차츰 황폐해져 간다

지구는 둥글다는데
언제부터, 무엇 때문에
저리 날카롭게 각 세워야 했나

덫

날마다 나는
덫을 놓고
몰래
돌아온다
그런 날 밤 꿈속엔
언제나
퍼렇게 멍든 발목 하나
소리 없이 잘려 나가고
밤새 깊은 울음
운다

잠언

기어서, 종일 기어서
그만큼의 역사를 이룩하거나
성큼성큼 걷거나 뛰어서
그만큼의 역사를 이룩하거나
참으로 모두 그만큼은 빛나는 것을
나는 빛나고 너는 얼룩져
너는 지워져야한다 이 역사에서
그렇게 노려보는 눈빛이 언제나
나와 너의 가슴을 찔러온다
지워야한다 그 눈빛들
이 역사에서
빛도 빛 아닌 것들이

절개지

언젠가 거기에도 살아 숨쉬던
맥 있었을 거다
우습게도 지금은 그 찢긴 가랑이 사이로
문명의 땟자국들 급류로 흐르고
가끔은 막힌 숨 뱉느라 급히
경적 울린다

추월 금지!

아랑곳하지 않는 그들은
곡예다, 아니 예술이다

저만치 고층 아파트들 아가리 벌리고, 어둡게
시대를 지키고 있다

불시착

허기진 채 어둠 속
어디에서도 응답은 없고
이제 스스로 길 찾아야한다
길은 사방으로 열려 있어 막막하다
이럴 땐 바람 더 세차게 불고 눈발도 날린다
뿔뿔이 제 길 찾아 떠났지만
길은 끝내 보이지 않고
더러 낭떠러지 앞에서 절망한다
어느 땐 아득히 빛인가 싶어 따라가다가
순간 빛은 사라지고 다시 어둠,
추위는 뼈를 시리게 파고든다
어느새 방향도 잃고 기진하여 쓰러질 때쯤
우리의 기도는 간절해지고
빛은 안으로부터 시나브로 인다

지금, 나는

구십오년식 씨에로, 나를 싣고
15만키로를 넘어 달려왔다
어디를 돌아왔는지 다 기억할 순 없다
누가 옆자리를, 혹은
뒷자리를 채웠었는지 그것마저 알 수 없다
한 번의 십년도 이렇게, 지나고 나면
그만큼 탈색된 채 희미한 그림자만 남을 뿐
다 흩어져 달아나는 것

나는 그 새
몇 번의 십년을 흘려보내는 동안
어떤 빛깔로 남아 있는가, 지금

위태롭다

반쯤은 거짓이 묻은 하루가 꺾이는 시각에
문득 달이 흐르고 있음 본다
달은 어제처럼 궤도를 따라 흐르는데
내 걸어온 하루의 궤적은 아무래도 굽은 듯 싶다
길 가장자리 벗어날 때마다 거짓은 조금씩 쌓이고
더러는 휘청거려 낮 동안 그리 어지러웠던 게다
그럴 때 가슴으로는 어둠 한 겹 지고
서 있는 곳 어딜까 주위를 한번 휘휘 둘러봤다 싶다

달은 자꾸 흐르고 나는 어쩌자고
다시 담배불 붙이며 지금도 가장자리에 선 채
벗어나지 않으려 안간힘하고 있는 건가
위태롭다, 고층아파트의 이 베란다가 순간
아래로 끝없이 추락할 것 같은 두려움에 불현듯
난간 소리 없이 잡았다

여백

비워 두어요
채우다 말면 그 뿐
빈 곳은 비어서
채워진 거여요
채워진 걸 못내 또, 채우려니
내내 그리 아픈 거여요

어둠 깊은 날엔 어둠에 그냥 묻혀요
어둠에서 자꾸 빠져나려니
더 깊은 어둠에 빠지는 거여요
어둠은 단지 관념이어요
이 세월 얼마나 많은 관념에
허리 휘나요

돌아봐요
돌아보면 거긴 늘 떠난 만큼 떠난 것들이
돌아와 있을 거여요

미로 속을 간다

 아침, 눈 뜨면 먼저 천장이 내려와 하늘과 우리를 갈라놓는다 사방에선 또 두꺼운 벽들이 세상과 우리를 갈라놓는다 가슴 조여오고 우린 또 하릴없이 충혈된 눈빛으로 머리맡의 물그릇 더듬는다 간신히 출구를 찾아 길 나서면 보이지 않는 벽들 자꾸 따라와 막아선다 미로 속에 갇혀 허우적대다가 다시 그 속을 빠져 나오기 위해 안간힘 하다가 하루는 가고 온몸으로 헉헉거린다

 지금 가는 길은 어느 쪽인지 끝도 보이지 않는다 저만치 신호등이 보이고 신호등 앞에 숱한 사람들 서성거린다 아마 그곳에 또 다른 출구 있나보다 바삐 가보지만 이미 그곳엔 사람들 모두 떠나고 빨간 불만 남았다 차들이 한껏 속력을 내고 있다 돌아가야 한다

 우회도로 없음, 갓길도 없음

병실 풍경

병실에도 아침엔 커턴 사이로
햇살이 밀려든다

밤새 악몽 속을 헤매다 돌아온
삭정이 같은 몸뚱이
조금씩 움직이며 안부를 전한다

링거병의 수액들 지금도
일정한 속도로 떨어지고 있다

몸 속으로 들어간 그 수액의 양만큼 소생하는가

알 수 없다, 참으로 알 수 없다

비 오는 날의 자화상

서둘러
돌아가고 있다
더 늦기 전에
돌아가야만 한다

빗물에 젖은 어깨 위로
어둠 내려서면
우린 끝내 그 속에 갇혀
떠날 수 없다

바람이
한기로 흔들리고 있다

믿었던 언약들은 수없이
바람 따라 언저리로만 맴돌고
잡힐 듯해도 언제나
잡을 수는 없는 아쉬움 너머
목이 꺾인 우리

뒷모습이
서둘러 돌아가고 있다

어디선가 우레 소리가
가장 깊은 절망으로
쓰러지고 있다

헛배가 부르다

날마다
마음에도 없는 말 내내 뱉다가
돌아올 땐 왠지
헛배가 부르다, 그래
헛배가 부르다
무얼 위해
마음에도 없는 말들 그리 뱉았을까
돌아서면 이내
내뱉은 말들이 꼬리를 달고
등때기로 섬짓섬짓 무서움 달고
되박히는 걸
우리는 모른다 모두 모른다
보이는 것들에 매여 악다구니하고
그러나 텅 빈 채 돌아올 땐
왠지
헛배가 부르다, 그래
헛배가 부르다

허상으로 남은 채

내 지금 보고 있는 건
대체 무얼까
보였다 사라지고 그러다가 다시 나타나는
저것들 대체 무얼까

모두 허상이라면 우린 지금
대체 어디 서 있는 거지?
신의 꿈 속에서 단지 그림자로만
흐르고 있는 건가

그냥 그렇게 흔들리다가
낙엽처럼 툭 떨어지면 그때 비로소
신의 꿈 속을 빠져나오는 건가

순간 사방이 캄캄하다

변비

화장실에 앉아 끙끙대며
하루를 생각는다
만나야할 아무개 얼굴
만나지 말아야할 아무개 얼굴 지우고 그리면서
벌겋게 얼굴이 달아오른다
언제나 막혀서 흐르지 못하는 것들
속만 태우고
속절없이 변기의 물 거칠게
흘려보낸다
오늘은 또 어디쯤서 막혀
파란 불을 애타게 기다려야 하나
만나야할 아무개 만나지 못하고
만나지 말아야할 아무개 만나
목청 돋우고
몇 겹 매듭 엮어놓은 채 돌아서서
네 탓이오! 네 탓이오!
핏대 올려 외치다가 끝내
피똥 싼다

이것에 대한 의문

디스 한 개비 물고
이것을 생각는다 당최 이것이 무얼까
생각는다생각는다또생각는다

생각다가생각다가또생각다가
디스의 필터는 으깨어져
이것도 따라 으깨어져 사라지고 마는가

아무래도 알수없다알수없다참알수없다
마지막 힘껏 빨아들인 연기와 함께
이것도 재로 그냥 흩어지고 말 건가

디스 한 개비 다시 문다

먼지에 대하여

쓰잘데없는 말들 끝내 기도로 지워진다
걸러내고, 걸러내고, 또 걸러내고
마지막 남은 말이 비로소 하늘에 닿아
환한 빛으로 내려선다

더 절실한 날엔
말로 다 말할 수 없어 손 굳게 모은 채
뜨거운 눈물로나 닦을 수밖에
그런 날 밤 꿈 속에선
참으로, 환한 빛 무더기로 내려서고
우리에겐 한없는 은총인 것을

모른다, 모르고 살아
생각 없이 뱉은 말들 안으로만 자꾸 쌓여
꺼멓게, 아주 꺼멓게, 찌꺼기로 남아
우리는 기도도 없이,
눈물도 없이, 어지러운 시대를
한 무더기 먼지로 마냥 부유하고 있다

현주소

　낙타 한 마리 내 가슴을 밟고 휘청거리며 간다 모래알 풀풀 날리고 오아시스는 어디에도 보이지 않는다 돌아갈 수 없을까 돌아보아도 이미 떠나온 길은 바람에 지워져 흔적도 없고 그리운 이의 얼굴마저 흐릿하게 지워지고 있는 중이다 감당하지 못할 무게로 빠져드는 사막의 깊이는 삶의 깊이로 환치되며 자꾸 가물거리는 현기증에 아마 저게 신기루지? 내 눈보다 높은 자리로 위대한 자들의 기막히게 춤추는 모습이 보이고 그리고 그들의 위대한 궁전엔 아, 보석들이 주렁주렁 달렸다 그런데 그것은 이내 여러 개의 모가지로 다시 환치된다 거기엔 내 모가지도 끝머리에 걸려 있다 모가지가 뻐근하다 어디쯤일까 '공사중, 돌아가시오' 팻말 보인다 아하, 여기가 리비아 사막 어디 배수로 공사장이로구나 생각다가 꿈 깨라! 꿈 깨라! 외치는 소리에 꿈 깼다

기우는 날의 풍경

비스듬히 기우는 햇살을, 그 사람
지팡이로 간신히 떠받치고
기우뚱대며 가고 있다

가야할 곳 그 사람 알고 가는지
서쪽으로 마냥 가고만 있다
길 가장자리 풀들은 한 생 풀어내며
서로가 서로에게 잠시 손 내민다

횡단보도 앞에 선 채 그 사람
망설인다 몇 번을 망설인다
신호등은 자주 외면하고, 그 사람 이제
주저앉는다, 가야할 길은 남았는데

기어이 해는 지고, 그 사람
어둠 속에 짙게 묻혀버린다

비 오는 날의 스케치

비 오는 날엔 늘상
떠나는 자의 뒷모습만 보인다
우두커니 혼자 서성이다
돌아보면 누군가
내 뒷모습에
참 서러운 눈길 보내다
혼자 슬몃 돌아선다
누굴까?

어떤 이는 우산을 쓰고
어떤 이는 비 맞으며
제 삶의 무게 이고 떠나고 있다
나는 그들을 보고 그들은 또
나를 보면서

여름 이야기

아내는 오늘
날마다 뚫리는 가슴 메우러
용하다는 占집 찾아 간다
처진 어깨 위로 햇살 무겁게 내리고
왠지 서러운 걸음걸이가
뒤뚱거린다

쭈뼛거리며 들어선 占집에서 아내는
무얼 물었을까
돌아 나오는 길에
아직은 희망 있다는 말
희망인 듯 안고 나올까

여름이 방안 가득 내 하루를 짓누르고 있다

등꽃

아하 봄날에, 자줏빛 올렸다
이 삭막한 도시에서
목숨 하나 건진다는 게 간단하지 않다는 것 안다
용타, 참 용타
바람에 간간 흔들리는 저 몸짓마저 아마
여름으로 건너가는 몸부림일 테지
그런데도 더러는
잊는다, 자줏빛 뒤에 숨은 그늘의 깊이를

알아야지, 알아야한다
꽃 피울 등꽃 하나 위해
숨죽여 기다려야하고
따사로운 햇살에 마냥 나른해하는 건 아무래도
위태롭다는 걸

일순, 등꽃들이 우르르 내게로 쏟아진다

봄빛이 튼다

겨울강을 건너온 바람 한 자락
이제 막
산모롱이 흔들며 돌아온다
아직 지우지 못한 젖은 기억들
그 끄트머리로
힘겹게 외투 벗는 소리
나뭇가지 사이로
봄빛이 튼다

산빛도 한결 다가서
겨우내 초라하던 모습 허물로 벗겨내면
속살 어느새 새로 돋아나
닫힌 마음 한 구석 오늘은
새롭게 열린다

내 골방엔

무엇 하나 정돈된 게 없다
어제의 생각들이 아직 흩어져 떠돌고
더러는 그저께의 몇몇 생각도
스멀스멀 기어다닌다
습관처럼 피운 담배 연기는 채 떠나지 못하고
곳곳에 남아
오늘을 어지럽게 흔든다
쪽문 하나가 세계로 통하는 통로인가
자주 그쪽으로 눈이 간다

자꾸 낮술이 생각난다

그 여자가 사라진 쪽

어둠 내릴 때 당신은 어둠의 깊이를 재 본 적 있으세요? 그 여자가 내게 물었을 때 대답 대신 그 여자의 머리칼에 묻은 그늘의 무게를 달고 있었다 푸석한, 윤기 없는 머리칼은 분명 바람에 날아갈 듯 가벼울 거라 생각하며 당신 내게 관심 있으세요? 다시 물어왔을 때 난 어느새 어둠에 밀려 사라지고 있는 노을의 끝자락을 보고 있었다 노을은 이제 곧 더 깊은 어둠 속으로 빠져들 게다 그 여자의 푸석한, 윤기 없는 머리칼과 함께 당신 참 무심한 사람이군요 저기 흩어지는 노을 좀 보세요 노을이 어둠 속으로 빠지고 있잖아요 아주 무겁게 그때사 그 여자가 노을에 묻혀 어둠 속으로 사라지고 있는 게 보였다

동백이여

우수 근처
동백꽃 피었다
돌아보지 않아도 제 보폭으로만 걸어
마침내 내 눈길 불러 모으는
그래, 저게 사랑인 게야

비스듬히 널린 아내의 낡은 속옷들이
지는 햇살에 발그레 물들고 있다

벽돌 허물기

쌓았던 벽돌
이제 허물어야한다
쌓는 만큼 어둠은 깊어 헤매다
어느 순간 와르르 무너질 때
상처도 그만큼 깊어질 걸
그럴 양이면, 이제
스스로 하나씩 내려야한다
내릴수록 앞은 열리고, 그때사
아하! 아하! 가슴 뜨거워지는
새 삶 거기 있다

아직은 미명

돌이킬 수 없는 것들
자꾸 꿈으로 온다
어지러운 악몽이거나
토막 난 기억으로
속살 후벼 판다
어둠 털고 일어서야지
스스로 외쳐도 마음뿐
목은 잠겨 끝내 열리지 않고
더 깊은 곳으로만
깊이 깔린다

비에 젖는 꽃잎

비는 무심히 내려도
꽃잎은 찢어질 듯 아프다
비에 섞인 바람이 꽃대궁 흔들어
꽃잎은 더 아프고
몸 한 번 바르르 떤다
때로 꽃잎인들 무심한 적 없었겠나
스스로 비에 젖는 꽃잎이 될 때
네 아픔도 비로소 알아
네게로 더 가까이 다가갈 수 있는 게다
그런데도 멀리서는 알 수 없다
그래, 우리는 모두 한 번쯤 비에 젖어
더러는 떨어져
짓밟히는 아픔도 있어야 한다

기도調

이 밤, 안개 속으로
낮 동안의 도시가 묻혀간다

잡히지 않던 것들 묻어버려라
이제 가면은 벗어도 좋다
실없이 웃었던 일들 잊어도 좋다

밤 더 깊어지면 마음 놓고
마음 놓고 옷 벗어도 좋다
비로소 돌아온 자리 가장 정결히 닦아
내일은
좀더 따뜻한 햇살 아래 그렇게
서자

그대 내게로 오라

그대 내게로 오라
나 그대 위해 열어둔
가슴 하나만으로 지금껏
살아 왔었네

어둠보다 짙은 설움이 밀려와도
달이 뜨면 달빛이 되어
별이 뜨면 별빛이 되어
두렵지 않았네

세월 흐른 만큼 더
그대 가까이 나는
빛나는 노래로 뜨겁게
남아야 할 것을

그대 내게로 오라
나 그대 위해 열어둔
가슴 하나만으로 지금껏
살아 왔었네

화장

그 여자의 화장은 늘 짙었다
분명 숨은 의도 있을 것만 같다
무얼까, 무얼까
그러는 동안 그 여자의 화장은
더 짙어갔다

그 여자 자꾸
내게로 다가온다, 덜컥 겁이 난다
짙은 화장 속에
毒 하나 숨겼을 것만 같은데도
달아나지 못하고
가위눌린 듯 사지는 굳어 끝내
먹히고 마는가

순간 그 여자의 화장 지워지고
아가리만 커다랗게
시대의 함정으로 남았다

아내의 외출

아내는
41년만의 외출을 위해
화장하는 시간, 길었다
세월의 긴 터널 지나며 긁힌 자국 지우느라
화장은 짙고 두꺼웠다
동창들 이름 하나씩 더듬어보지만
기억 밖에서 자꾸 가물거리며 애 태운다
시계를 자주 본다
세월을 한참 건너 이만치 와
코흘리개 때 동창마저 오늘은
느긋이 만날 수 없다

아내의
벼르던 외출 속에
비는 내리고

아내에 대한 생각 · 1

내 돌아올 때마다 아내는 잠들어 있다
아내는 낮 동안은 꿈꿀 수 없어 밤마다
아껴둔 꿈 위해 나보다 먼저 잠들어야 한단다
아내의 꿈은 언제나 벼랑 끝에서 바르르 떨다가
가위눌린 채 깨고 말아 슬픈 꿈이라 한다
나는 그 어둡고 캄캄한 꿈 속을 안다
그 꿈 어지럽히는 것이 나인 것을
아침이 와도 아내의 하루는 열리지 않는다
흩어진 매무새로 습관처럼
밥솥 앞에 서 있는 아내의 뒷모습에
겨울이 훨씬 먼저 와 있다

아내에 대한 생각 · 2

아내는 종일 무슨 생각을 하며 살고 있을까
어쩌면 저기 창 밖 겨울 다 가도록 떨어지지 못한 잎새의
마른 기억들로 흔들리고 있지는 않을까
세월 이만큼 흐르기 전 어느 겨울 바다에서, 속절없이
떠나고 싶다던, 그래서 이만치 떠나온 지금, 아내는
어느 또 다른 겨울 바다에서 헝클어진 머리카락을
애써 쓸어 올리고 있지나 않은가
흘러간 옛 노래처럼 후줄근히 젖어 밤엔 곱게 잠들지 못하고
텅 빈 가슴으로 일어서는 아침엔
쓰레기봉투를 들고 계단을 흔들리며 내려서던 그런
내 아내는 지금 무슨 생각을 하며 살고 있을까
빛이 그리워도 그립단 말 차마 못하고
안으로만 곪아터진 설움 내내 혼자 끌어안고 아내는
종일 무슨 생각을 하며 살고 있을까

바람이 있는 풍경

창 밖엔 바람이
세상을 훑고 간다
몸 낮추면 낮은 곳으로
세우면 더 높은 곳으로
가늠할 수 없는 깊이로 흔들며 간다
어느 땐 몸서리치는 절규로
창을 두드리며
찢긴 옷자락 새로 드러난, 우리
마지막 남루마저 그렇게 훑고 간다
능선을 따라 더는 내려서지 못할
찌푸린 하늘가엔
잊고 있던 얼굴들 하나 둘
흐리게 떠오른다
무심코 돌아본 세월 저편
알 수 없는 그늘 진다

어둠에 서서

목소리는
또 다른 목소리에
흩어지고
흩어진 목소리 저 편에서
누군가 각혈하며 쓰러진다
쓰러지면 그 뿐
가슴으로 별 하나 진다
그럴 때 바람은 또 한 번 계절을 흔들어놓고
설움처럼 밀려오는 적막 사이로 사라진다
간간 들려오는 신음소리에
모든 것들은 더 바삐 도망치고
골목 저편에서
여린 빛으로 일어서는 가로등 하나
어둠을
힘겹게 밀어내고 있다

비에 젖은 엽서

예전에
아주 예전에
비에 젖은 엽서 한 장
반쯤은 지워진 채
슬프게 왔었네
지워진 반쪽 채우려고 애썼네
세월 흘러도 끝내 그 반 쪽
채울 수 없었네

봄이 와도

봄날, 해거름
공원에 앉아
내 만년의 어느 날을 생각다가
부질없다
툴툴 털고 일어서다가
길게 누운 그림자에 밟혔다.
바랜 옷깃 사이 스쳐 가는 한 줄기 바람
제 무게 이기지 못해
지난 겨울 내내 뒹굴다 떠나지 못한
낙엽들에 실려 맥없이 흔들리고
흔들림은 파문되어
가슴으로 진한 눈물이 된다

봄은 와도, 난 아직

담배를 물고, 쪼그리고 앉아 생각는다

새 한 마리 나뭇가지 우듬지에 앉아 꽁지 터는데
어쩌면 내 뿜어낸 담배연기 털어내는가

생각의 찌꺼기들 담배연기와 함께 흩어지는 동안
어느새 봄은 한창이다

나는 아직 겨울 내의 벗지 못했고
겨울 외투 벗지 못했고
겨울 그림자 벗어나지 못했고……

저리도록 쪼그리고 앉아 오래 생각 중이다

아버지의 가을 일기

아버지의 가을 속엔 언제나 비가 내린다
가슴으로 끓어오르는 가래를 뱉아내도 도무지
삭지 않는 설움같은 것이 낙엽으로 풀풀 날리고
이내 젖어 안으로 꺼이꺼이 울음이 된다
세월 흐를수록 묻혀야할 것들은 드러나고 때로는
아프게 도려내듯 밤을 흔들고 간다, 밤은 길었다
어둠 속을 혼자서 황량한 벌판을 건너기도 하고
바람 속을 헐벗은 채 떨기도 하며
윽윽 가슴 짓누르는 비명에 놀라 깨어나곤 한다
그럴 때마다 심한 갈증 느끼고
달이 떴나보다, 보안등의 불빛일지도 모른다
창을 빠져 여린 빛 하나 그림자 끌며
방안까지 들어온다 어쩌면
죽음의 그림자일지도 모른다고 생각한다
그렇게 밤은 가고 아침이 와도
아버지의 가을 속엔 비가 내린다

어릿광대

웃음 뒤편으로 고인
흐린 눈물 보았나
차마 흐르게 할 순 없어
웃음으로 마냥 닦아내고 있었어
몸짓 하나에
굽이진 세월 하나 돌아가고
아득히 멀어지는 꿈같은 것들
펄럭이는 무명 옷자락 새로
때 묻은 채
그렇게 흩어지고 있었어
짙은 화장으로 감춰진 아픔들은
비 오는 날 빗물로 얼룩지고
잊혀지는 기억들 속에 끝내
하나의 점으로 남아
오늘도
시대의 강 건너가고 있다

수의를 널다가

볕 좋은 날
어머니의 수의를 널어 말린다
바람에 가볍게 흔들리는 옷자락들 자꾸
하늘로 오르고 있다

문득,
어머니의 병상에 드리운 어둠이 보인다
햇살로는 다 덮을 수 없는
퀭한 눈빛으로 이승의 마지막을 붙잡고 누워
살아 아팠던 날들 신음으로 뱉아내고 있을

놓아야 한다, 그 끈
그런데도 그 끈 놓지 못하는 것은 아마도
살아 아팠던 날들 사이 사이로
죄도 함께 엮여 그것 지금 풀어내는 중인 게지
그러나, 그러나 스스로는 아무래도 풀 수 없는 것

지금

어머니는 저 수의를
혼자 만지작거리고 입어보고 있는지 모르겠다
바람도 없는데 또 한 번
수의의 옷자락이 하늘쪽으로 펄럭이는 걸 보면

낙하한다

아파트 엘리베이터 안에서 만난
사람들 낯설다

서로가 서로를 힐끔거리는 동안
우린 더 낯설다

모두
수직으로
낙
하
한
다

아버지의 시계

아버지의 시간은 멈춘 지 오래다

아버지 남기신 시계 하나
내 팔뚝에서
미처 못 다한 날들 흔들며 간다

간간
아버지의 한숨소리 들리고
더러는 아버지의 눈물도 보인다

오늘은
그것들 내 것인 양
나도 따라 흔들리며 간다

| 시인의 산문 |

오늘도 나는 시를 쓴다

*

등단한 지 그럭저럭 30년이 가까워 온다. 그 사이 시 쓴답시고 딴엔 몸부림쳤지만, 늘 모자람뿐이다. 생각하면 서글프다.
그런데도, 아직 이 짓 그만 두지 못하고 있으니 이것도 분명 병인 게다.

*

돌아보면 적지 않은 시간인데, 무엇을 위해 그리 아프게 걸어왔나. 많은 밤을 울었을 것이다. 기뻤던 날보다 분명 슬퍼 울었던 날들이 많았을 성싶다.
그렇게 참 많이도 흘러왔다.

*

시를 쓰며 만났던 많은 분들이 생각난다. 이미 세상을 떠난 분들도 계시고, 요즈음도 종종 만나는 분들도 계시고, 만나지는 못해도 그리운 분들 또 계시고, 그저 덤덤히 기억 속에서만 남아있는 분들도 계시고…….

지금은 돌아가셨지만, 박양균 선생님의 따뜻함이 그립다. 초회 추천을 받고도 뵙지 못하다가 천료 직전 우연히 서울에서 뵙게 되었다. 선생댁으로 초대해 따뜻한 저녁을 대접해 주셨던 기억 오래오래 지울 수 없다. 그런데도 나는 선생님께 변변한 대접 한 번 해드리지 못한 게 늘 죄스러움으로 남아있다.

*

70년대와 80년대. 참으로 긴 겨울 사이에서 난 무엇을 생각하며 지냈을까? 종종 그때의 시들을 다시 열어본다. 살벌하던 시대의 시로서는 아무래도 밋밋해 스스로 못마땅하다. '겨울'과 '바람'이란 시어가 유독 눈에 많이 띄는 게 그나마 위안이었다.

*

1982년 첫 시집을 냈을 때, 나는 대구의 어느 여자고등학교에서 국어 선생으로 재직하고 있었다. 그때만 해도 오늘처럼 시인이 흔하지 않아 꽤 대접을 받았던 모양이다. 시집을 낸 뒤 동료 교사들이 조촐하기는 했어도 교무실에서 출판기념의 자리를 마련해주었다. 그때의 기억이 지금 생각해도 따뜻하다. 그리고 참으로 의미가 깊었다는 생각이 든다.

학생들도 그랬다. 시인을 바라보는 눈이 지금과는 사뭇 달랐다. 800부 가량의 시집을 학생들이 자발적으로 사 주었던 일이 시인의 위상과 전혀 무관하지 않았던 듯 싶다. 요즈음도 그런 지는 알 수 없으나 아무래도 그때 같지는 않을 것만 같다. 내 짐작이 맞다면, 여러 경로를 통해 시인이 엄청나게 많이 배출되어 그 희소성이 사라진 것도 이유일 것이고, 교육제도상 느긋이 시를 음미할 여유가 없어진 것도 이유일 것이고, 또 다른 매체들의 발달로 시(문학)의 매력이 그만큼 떨어진 것도 이유일 것이고…….

*

만나는 사람들은 시가 어렵다고 한다. 나는 전적으로 동감이다. 그런데 다시 생각해보면 진정 시는 어렵게 쓰여 질 수밖에 없는 것인가? 스스로 의문이 들 때가 있다. 독자에게 다가가기 위해 한번쯤은 왜 그런 말들을 하게 되는 건지 생각해볼 필요가 있지 않을까? 때로 나도 다른 시인의 시를 읽다가 끝끝내 이해할 수 없어 시 읽기를 그만 두는 경우가 종종 있다. 전달되지 않으면 감동도 줄 수 없는 것 아닌가.
　예나 지금이나 독자들에게 감동을 주어 회자되는 시들은 대개 어렵지 않았다는 생각이 든다.

*

 얼마전 대구문인협회 행사 중 '책을 뛰쳐나온 文學'이란 타이틀로 세미나와 문학 공연을 가졌다. 문학을 음악이나 무용, 퍼포먼스로 풀어낸 방식이다. 참으로 신선하다. 그 까닭은 문학이 활자 속에 갇혀있어 독자의 시선을 받지 못한다면 독자 곁으로 다가갈 방법을 스스로 모색하는 것이 옳은 태도라 믿기 때문이다. 그런 노력이 있을 때만이 비로소 멀어진 독자를 문학 속으로 다시 돌아오게 할 수 있을 것이다.
 이런 기회에 우리 시인들도 스스로의 시작 태도를 돌아보는 계기로 삼으면 어떨까? 독자를 염두에 두지 않는, 시인만의 시가 된다면 시의 존재 의미도 그만큼 반감되고 말 것이라는 생각이 든다.

*

 종종 여러 대의 승용차로 여행을 떠날 때가 있다. 그런 경우 선도차가 있게 마련이다. 그 선도차의 역할은 뒤따라오는 일행의 차들을 무사히 목적지까지 안내해야 하는 것임은 두말할 것도 없다. 만일 그것을 망각하고 혼자 달려 가버리면 따라오는 뒤차들은 방향을 잃고 말 것이다. 그러니 뒤차들을 계속 백미러나 룸미러로 확인해야 한다. 혹 시야에서 사라지면 속도를 늦춰

따라오기를 기다려야 한다. 또 방향을 바꾸어야 한다면 미리 방향지시등을 켜서 알려 주어야 한다. 그러므로 선도차를 운전하는 사람은 목적지에 무사히 도착할 때까지 뒤차와의 간격을 유지하기 위해 꾸준히 노력해야만 하는 것이다.

 나는 우리 시인의 역할도 선도차를 운전하는 사람과 다르지 않다는 생각이다. 그러니 독자와의 간격을 유지하기 위해 시인은 노력해야 한다. 나는 독자를 두고 혼자 멀리 달아나 버리는 그런 시인이 되고 싶지는 않다.

*

 시가 장황할 이유가 없다. 그렇다고 짧은 시가 무조건 좋다는 논리도 물론 아니다. 짧은 시가 독자에게 공감을 얻으려면 더 많은 조탁이 필요하리라 믿는다. 그러니 고민도 따라 많아야 할 것이다. 그러나 나 같은 둔재는 노력해도 잘 되지 않더라. 독자에게 감동을 주는 좋은 시, 그것을 쓴다는 건 어렵다.

*

 어쨌거나 나는 오늘도 시를 쓴다.
 물질이 정신을 지배하는 사회 속에서 시를 쓰고 있

다는 게 소모적일지 모른다. 그런데도 시 쓰는 일을 그만둘 수 없으니 나는 시대 속에서 밀려난 인물일지 모르겠다. 그러나 처음부터 시를 써서 밥이나, 옷을 얻고자 한 것은 아니었으니 물질적 도움이 되지 못한다는 건 그리 서운할 일이 아니다. 이 시집 속에 담긴 시 중에서 다만 몇 편이라도 독자에게 감동을 줄 수 있다면 참으로 큰 위안이 되겠다.

그리하여 나는 오늘도 시를 쓴다.

송진환

경북 고령에서 남.
1978년『현대시학』으로 문단에 나온 뒤
시집『바람의 行方』,『잡풀의 노래』를 펴냄.

조롱당하다

초판 인쇄 / 2006년 6월 25일
초판 발행 / 2006년 6월 30일

지은이 / 송 진 환
펴낸이 / 박 진 환

펴낸곳 / 만인사
등록번호 / 1996년 4월 20일 제03-01-306호
주소 / 대구광역시 중구 봉산동 235-11
전화 / (053)422-0550
팩시밀리 / (053)426-9543
E-mail:maninsa@hanmail.net

ISBN 89-88915-65-8
※저자와의 협의에 의해 인지는 생략합니다.
값 6,000원